冬のソフィア

筆・

日本美術家連盟会員

杉田　緑

句集　冬のソフィア

杉山夕祈

目次

水の記憶　9

水の記憶
カオス
流離
石の花
遊子
死海
ニケの翼
星の道

パトス　31

告知
悪夢
祈りの島
ヴィア・ドロローサ
友よ

冬の門 49

冬の門

隠国《こもりく》

氷魚

仮面

冬の羇旅

レクイエム 65

白い夢

カインの裔

花咲き山

ピエタ

死者のまぼろし 89

使者のまぼろし

水明かり

夢塚 103

墓山

薄氷《うすらい》
夢塚

月の罠　115
災禍
望郷
アリアドネ

冬のソフィア　135
メメント・モリ
一知半解
中有
幻花
梟
聖夜

永遠の今《いま》　153
シテの面
糸遊

冬茨
幾星霜
残照
無為の旅
晩祷
すみれ降る

跋　179
細川不凍
岩崎眞里子
上杉省和
山下秀智

あとがき　192
杉山夕祈

水の記憶

水の記憶

かたきもの水より生まれ流離の眼
冬の底ひそとジュラ紀の腮《えら》呼吸
月差せば洋々蒼き魚となり

ルドンの目欲する私の深海魚
引き潮に攫われ裸身を晒すのみ
冬星座　心は水となり走る
鱗片の青さを旅の始めとす

カオス

ローズマリーの揺籃　遠い母の吐息
ゆるやかに冒されてゆきカオス
呱々の声生々流転の哀しみに

＊呱々　乳呑児の泣き声
＊生生流転　万物は永遠に生死を繰り返し、絶えず移り変わる

春日蔭不条理の蔓密やかに
蹌踉の愛を尋ねる儀式など
コスモスのカオスに揺れる無辺の空
声を返す　涙の雲の湧く前に

＊蹌踉　足もとのたしかでないさま

流離

母の背の薬草も枯れ　朱夏の河
幸福の幻影　楕円の石・石・石
人恋いの奥また奥の流謫感

＊流謫　罪によって遠方にながされること

冬ざれの海より届く召喚状
覚えなき波蝕の咎で名を呼ばれ
月の貝　嗚呼淋しさが波となる
おうおうと流離はじまる野菊まで

湿苔の双手に飢える十三夜
夏つばめ異郷の影もまた一人
仮想して晩夏の花の揺れやまず
不履行の愛ショパンの海に放つ

蝶道に一翅《し》を乞えば羽化はじまる
ひもとけば過去をさまようロプ・ノール
生きて啾啾　我が胸中の雪散華
煌めきて落ちゆくさきは花地獄

＊ロプ・ノール　タクラマカン砂漠にあったさ迷える湖
＊啾啾　虫、鳥などが小声でなくさま

石の花

閉じた輪の磁場にはじかれノラのまま
流れ流れ気づけば石の花の中
野水仙　夢生い痴れて自愛ほど

風に立つ雨の匂いのジャコメッティ

百骸のきしみに合わせ亡母の哭く

ひたすらの旅にも似たる十三夜

真実は窯変の青　銀の髪

遊子

光る目の少年黒き牛を追う

彎曲の砂洲　少年の日の履歴

雲梯も古りて記憶の樹となれり

いちご白書なお剥落の毀れ壁
紫雲英《げんげ》田にまぎれる亡母も流離の身
コスモスの優しさに揺れ五指ひらく
亡母も遊子いずこに咲いて微笑仏

死海

赤いバス行く国境の荊棘線《ばらせん》
覇者・敗者　崩れし砦　黒鳥《とり》一羽
いずかたへ消えたる信徒死海の書

身一つを出て戻らざる夜ながし
清きもの荒野の風を滾らせて
空崩れふいに熄《や》むカノン　残響
埋もれて地上に星の眠るかな

ニケの翼

花を撒くニンフの春は火の匂い
雲ひとつ浮かべ廃墟を抱く君
貝楼をニケの翼で追いし人

＊貝楼　蜃気楼
＊ニケ　ギリシャ神話の勝利の女神。翼がある

遠き日へ延びゆく石のローマ道

カエサルの貌立ち上がる秋夜長

耳熱しひそかに抱く地上の火

銀化したローマングラスに浮く栄華

イカロスの翼震わせて残花・残照
欠けてゆく月微かにも血の匂い
全裸なりイカロスの翼《はね》燃え尽きて
勝者死者いずこへ還る　テミスの手

＊テミス　善悪を測る秤を持つ
ギリシャ神話の女神

夏雲にカノンの梯子を架けるひと
微酔して時空を超える蝶となる
亡国のコインと旅をしていたり

星の道　サンティアゴ・デ・コンポステーラ

永年の孤高を秘める冬の薔薇

星の道　遺愛の風の過去未来

昔年を零し尽くして光りけり

黙契をややはみだしていて幻花
祈り深ければ一途なる刻印
諸星と祈りを合わす薔薇の窓
殉教や貧しき方へつなぎ合う

生も死も彼方につづく空の青
招かれてひかりに触れて輪の中へ
月下巡礼　見えざるものと終夜《よもすがら》
香焚けば微光のはるか彼方より

パトス

告知

告知受く　掌に蝶遊ばせて

定型の封筒で届く偽薬

冬かもめ羽ごと売られていた港

砂流る骨一片のつぶやきで
己が喪の夢の中まで流砂して
細くほそく砂は落ち　沈黙の夜
失語して胸のあたりで乱反射

長き夜は怺えきれずに滴する
言いはぐれまなこ閉じれば秋老いぬ
傷口はプレパラートの自己証明
軽やかに回す万華鏡の嘘

エッシャーの騙し絵をゆく殉教者

パトスことごと　見返せばピエタ

くくみ鳴く飢餓の果て生《な》る聖夜かな

羊朶となりジュラ紀の朝をなつかしむ

＊パトス　蒙るの意。苦しみ・受難

悪夢〈ウクライナ〉

往古より万の貌もつ侵略史
戦とはフォルテッシモに墜ちる星
治乱興亡ガイアの夜の明けぬまま

＊ガイア　ギリシャ神話の大地の女神

散りぢりに撃ち落とされて日も月も
無意識という恐ろしきけものたち
さす指のどこまで異形《いぎょう》赫い月
仮象して逆さに回す時の渦

＊仮象　仮の姿。主観的幻影

この星は揺れて迷宮　寒ひより
死は喩法《ゆ》　嘘のにおいの修辞論
ひまわりの首折りたたむ墓標《はかじるし》
敵・味方同じ語源をスクロール

＊喩　たとえること
＊修辞　言葉を飾りたてること

死体なきクルスの痛み　砂渇く
殺戮の街に輪郭なきあした
星蝕の哀しみマリアの目の虚ろ
麦の穂の波打つ明日の蜃気楼

祈りの島〈平戸・生月〉

夕光《ゆうかげ》に沈黙深く祈る島

水の枷火の枷おもき島の闇

黙り込む島　喉元を攻める水

海赤く滾らせ天に至るや星

片雨の島よクルスは流れ寄る

浜寒しその一途なる過去未来

紙クルス静けきものの力かな

ヴィア・ドロローサ
ユダの影無灯の街のまた翳る
定めなら黙契重きユダのｋｉｓｓ
星隕ちてヴィア・ドロローサ渇くひと

＊ヴィア・ドロローサ　イエスが磔刑場に向かう悲しみの道

飢餓走る　丘にクルスの物語
また明日へつづく悲しみ死者の谷
深痕や天なる人も地のわれも
哀しみのここに創まるイエス伝

友よ

木枯しのさびしい喉でかたる医師
虹の糸からませ虚ろなる条理
泪飲み込めば鳥ひそみけり

色の無い凪と輪郭なき明日
北颪《おろし》小鳥のごとく泣き交わす
点滴の海を漂う君も海
すでに羊歯あなたの指がさす明日

はなれゆく君とみつめる海の果て
かのひとと蝶の翅音で惜別す
一行を貫きとおし星今宵
愛しさの糸引き微光のみ残す

きみ逝きて色を濃くするれんげ草
凪ぎの海不確かな愛ふと見えし
夢に覚め君あるごとき夜の揺れ
かの日より凪にラルゴの羽音立つ

＊ラルゴ　ゆったりとかつ豊かにの意

ほろほろと海坂《うなさか》ゆけば会えるか君
彼岸よりわれに寄り添う気配かな
哀《かな》しさは愛《かな》しき水に似て澄めり

＊海坂　海神の国と人の国との境。海の果て

冬の門

冬の門

白銀の木々ことごとく亡命者
銀化して裸木となる冬の意志
冬の門ゆめ愴愴と立ちつくす

＊愴愴　いたみかなしむさま

行き暮れて祈る木となる冬の惨
どこまでの月蝕　欠けていく言葉
裸木の淋しさゆえに聳えたつ
真夜中は獣骨となるその眠り

落木や骨の髄なるジャコメッティ

流離いしその山巓のデスマスク

誰が骨の崩れる音か霜柱

地軸傾き墜ちてゆくアリス

裸木のまとうは孤高という潔さ

逃げ水も死の断面も照らされし

裸木の凛として　燦として　聖樹

見えぬ雪　掌に舞い遠い野が開く

隠国《こもりく》

虹の根は誰の掌のひらかくれ里

膝を折り求道《ぐ》の坂を仰ぎけり

落箔の板絵が秘める来迎図

暦年を事蹟の人の若きまま
五輪塔　風にひとひら朱が舞いぬ
菊焚けば哀しき不羈の目が開く
かの岑《みね》の鬼哭か　声も露のいろ

＊事蹟　事件の痕跡
＊不羈　しばりつけられないこと

寥々と岨道《そばみち》を行く　影が追う
幻影に殯の月の美しき
伝うべき一期も夢と苔の生う
ゆっくりと解かれていた骨の記憶

＊岨道　けわしい山道
＊殯　古代の葬送儀礼

燃える火も煙も消えて地にすみれ
安寧か　静寂のほかなにもなし
虹の根の遥かなりけり雅歌
伝え聞く委細紛れて月おぼろ

氷魚

一枚の空うらがえす仮想現実

白日に放した鳩の戻らない

俎《そ》の魚は星を辿っていた氷魚

机上にも渇く星降る　吹雪以後

ペン先の飢えも祈りかヨブ記読む

孤高とは　机上の木理なぞりつつ

水の傷いつしかほぐれ花のふち

仮面

ペルソナの表裏のゆがみ冬の月

抱擁の前も後ろも砂の山

影ばかり背中を伝う日のサティ

＊ペルソナ　もと仮面の意。人・人格

身の丈をずり落ちていく仮面
目の奥に空《くう》　嘲笑う一夜茸
メドゥサの髪を宥めて光りたし
仮面つけメビウスの輪を一周り

＊メドゥサ　蛇の髪を持ち、見る者を石にする

冬の羇旅

銀漢の知己ことごとく冬木立

骨眠る　春来るまでの裸身にて

生と死のあわいを笑むという無音

黄落のやさしさ満ちて芽吹くもの
生も死も抱いて地霊の覚める早春《はる》
雪解けの鼓動で奔る冬の羇旅
無量寿の光と邂《と》けて春の小川《かわ》

＊無量寿　無限の寿命を持つものの意

茨草編み込む祈り春の庭
望郷の雲ひとひらを身に纏い
手を振って去る　古郷も共に揺れ
春の詩をむすんでひらいて旅ひとり

レクイエム

白い夢

夢の木を削りつくしたのど仏
しんしんと水嵩をます父の消息
七曜を海霧となる父よ父

いちまいの皮膚で繋がる父不在

またひとつ白へ流れる父の空

凍星や夜ごとに遠き父の距離

引き汐の汐の行方を問うて秋

父も娘も吹雪かれてゆく同じ川

箴言か麦雨か父の背を濡らす

巻貝の昏きを父と明滅す

白い夢父を抜け出しまた入りぬ

百怪の冥きに問わば父ひかり
「忘れっぽい天使」となって彩雲
花の夜を優しく揺らす手はフーガ
こぼれ幸　漂う父と揺れあえば

眠る父ゆらぎの中の静寂《しじま》かな

父がふと死の優しさでいいしこと

父笑めば吾が身にひとつ光り苔

幻月を優しさと享けロンド終日

追いつけぬ老父《ちち》も悲しき白露なり

飄々踉々《ひょうひょうろうろう》涙が耳に赫い月

悲《カナ》・哀《カナ》・愛《カナ》　やがてとぎれて父の息

涼やかに父の身に降る星の数

＊飄々踉々　ふらふらと歩くさま

父の影からんで揺れる遺志一花

子午線の想いの辻で別れけり

光り野のもれる一瞬、その日記

巻き戻す父という名の時計草

彼岸花咲かせて亡父と帰りけり

チチと鳴き春日《はるひ》のごとき刻を得る

汝が花と決めし冬芽のカタルシス

忘年の父の神話を愛でて春

カインの裔

メドゥサの髪より生まれ異兄弟

蓬乱の髪の先まで涛の音

同心円がしだいにずれる指コンパス

糸手繰る　間違い捜しの絵のように
抱いてもなお羊歯のふり　雨が降る
手燭《てあかり》に薄刃の闇のみえかくれ
有情無常　内なる光もつれ合う

延べた手の五指をかすめてゆく孤影
穏やかに亀裂は進み　見知らぬ人
紅珊瑚自愛に似たる瑕瑾なり
一輪草　裸形の愛を疑わず

不器用な胡桃のままで遠く在り

佇めば糸遊ほどの狂気かな

石蹴りの身内ほろほろ冬残照

極うすく咲きし一花を信じけり

＊糸遊　陽炎（かげろう）

花咲き山

雲霄《うんしょう》は母の七瀬の湧くところ
ひたひたと迫りくるもの白き影
逝く月の音かな一生《ひとよ》の羽化はじまる

＊雲霄　雲のある空
＊七瀬　はやせ。事に出会う場所

白髪の既に形は百合の花

弔花手に耳のかたちにうずくまる

旅衣ひとひら青き沙羅の花

焚く前の一期の水に溺れおり

ほの青く指より洩れる母の骨

七曜を零しつくして母の闇

かの痕は蛍の匂い　亡母ひとり

痩せ蝶に行方を問えば育つ闇

野良生えの草の勁さで溺れゆく

母捜し六道輪廻で百舌鳥となる

「カナ」「悲《カナ》」「愛《カナ》」母は哀しと蝉の鳴く

酔う如く溺れるごとく樹皮を剥ぐ

白髪をひとすじ拾う蛍川
超えられぬ川あり瑕瑾に似たるもの
沈黙は未遂の時間なお揺れる
かりそめの橋を渡って花散らす

赤とんぼ逝きたる人と見ておりぬ

複眼となれば無数の亡母の詩

いつの世のぬくもりなのか手毬歌

母の磁場拡がり青き水となる

水滴のひとつとなれば母の淵

夢の端を日向ぼこりに母子草

許しあう指温かく夢の中

悼み終え母系を水の彼方とす

柩形の小舟で春を呼ぶ母よ
青田風亡母を攫いて雲に入る
地に残す拈華微笑《ねんげみしょう》のふきのとう
老いし亡母花咲き山で灯をともす

＊拈華微笑　以心伝心

ピエタ

贖罪のごとくにめぐる冬の月

雲がゆく　涙とどめる色硝子

ソドムの火　塩の柱は吾が墓標

＊ソドム　死海の近くの都市。住民の罪悪により神に滅ぼされた
＊塩柱　振り返るな、という神の言いつけに背き塩の柱にされた

石化してなおもイデアの渦のなか
シジフォスの石の欠片か砂動く
千の空洞　千の薔薇　狂詩曲
微光待つ寒夜は壁のオダリスク

＊イデア　理性により認識される実在・理念
＊シジフォス　神話の人物。神の罰により落ちる石を永遠に山頂に運ぶ刑に
＊オダリスク　後宮の女奴隷

亡母の手の窪に憩えばピエタかな

愛ならば　自らに課すシジフォスが石

目を閉じてルネ・ラリックの半透明

冬泉　祈りの水を汝がもとへ

死者のまぼろし

使者のまぼろし

母も子も記憶ばかりの森の月

ひまわりの亡骸を抱く亡母を抱く

チチハハと孤独な星のオノマトペ

にじむ血で解いてたたんで千羽鶴

さみしさを起こさぬように苺食む

背後より呼ばれる　花のやや揺れる

手をとれば波紋となりて揺れる影

飛花落花　愛しき方へ乱飛行

切れぎれの記憶を紕し天気雨《あめ》になる

詫び状の紅絹となるまで摘む苺

蜻蛉きて傷あるものに触れとまる

夢のあとさき　亡母が笑えば娘も笑う

咲くことも枯れゆくことも空の青

人去れどなお育ちゆく記憶の木

見えざる君に抱かれてゆく花惑い

ふりむけば使者のまぼろし　銀木犀

黙劇の終りに榧《かや》の実を拾う

夢なれば軽やかに舞う胸の骨

春の水さらさらゆけばゆるむ自我

＊榧　仏像を造る大木

桐の花閑かに生の透けゆくよ
かなしみにほほえみに舞うかの日
いずこより満ちくる亡母か夕桜
抱かれて空《くう》なるものと共にあり

水明かり

三月の風の匂いがして翅音

母笑みて脆き乙女の翅を得る

デュフィの春にまぎれて惜別す

一つ生《よ》の夢の速さで散るさくら
手の洞へ花散るごとく散りいそぎ
山颪　幾山吹かれ子を想う
燐寸擦る一途の生も哀しけり

胸の辺に双蝶あそぶ花朧

花に似たちいさき蝶のまま飢える

散る花を母よと抄う夢のはし

紅絹《もみ》を追い真白き森に迷い込む

ほの紅く母の咲かせる幽魂花
面影の来たりて鳴らす青硝子
反魂香　母ゆらめきて花の陰
片影の愛は無音の水明かり

＊幽魂　死者の霊魂
＊反魂香　たけば死者の姿が煙の中に現れるという香

少しずつ心狂わせ咲き乱れ

わが夢の柩の中の狂詩曲

騙し絵の私が笑う春爛漫

傷口のまだ新しき蛇いちご

淋しき日桜となりて四方に舞う
愛憎の螺旋を糺す月の位置
生も死も月も仄かに滴れり
遠き世を覚めてこの世のひと滴

青むまで己を放下して幻花
花びらを散らして風の形見分け
虚も実も吹かれて淡し花筏
幻の楼閣融けて　元の波

夢塚

墓山

夢売りの千の暗室千の花

指切りの小指をさがす朧月

夢十夜虹の糸曳き遠き世へ

静けさが動悸に変わる桜舞い
柩形の永劫回帰　月上がる
まぼろしの谺が還る長き夜
死してなお眠りの森で待ちつづけ

＊永劫回帰　同じものが永遠に繰り返す。ニーチェ哲学の死の絶対的肯定

野の涯に吹かれていまも蛍の身
見えぬ手で木の骰子を振りつづけ
飢え充ちていま柿色の月昇る
墓買いに記憶の川を遡る

摘むほどに闇の整う蓮華草
歳月は月下に青き墓ひとつ
紅さして誘う墓標や曼殊沙華
さればまたここ火照りだす墓誌《はかじるし》

薄氷《うすらい》

急ぎ散るものに残され曼珠沙華

愛未遂　耳底に青きカンタータ

薔薇挿せば眼に薄氷の広がりぬ

支えあう鏡の中の鏡の手
ピンナップ剥がせば薔薇の血もはがれ
七曲して辿りつく父母の手のひら
忘恩にいま結び切る紐を組む

夢塚

遥かなる祖母　昼月となり渡る
春霞　粗朶焚く亡祖母の手元より
陽のように土のようにも母たりし

ひもじさに夢見る種を見ていたり

うすうすと見えし夢塚　蝉しぐれ

死者たちの微光とおもう山桜

夏蝶がその身を守る風便り

艸《くさ》の神祀りて影の動かぬ日

魂のぬけゆく夜の飛行船

夢売りに託す楕円の青酸塊《すぐり》

臥してこそ知る風のありすみれ草

沈丁花にわかに影の狂いだす

夢追いの笑い崩れている遺骨

コスモスの遺書なき過去をそよぎけり

雪よりも淡きうつつを大銀河

夢もまた真実なりと冬かもめ

前の世も思えばひとり時計草

毛氈苔の誘い五月の溶解願望

抱擁のぬくみかすかに午睡覚め

月の罠

災禍

消える町　沖まで追えどただ潮騒
伸べる手の先をかすめて去る記憶
地の声の溢れ流れて誰もいず

若草のそよぎも声も流れ去り
魚群れて無灯の町は遠い海
海底を訪わば拳の葬と会う
月夜には魚の啼くらし海の底

欠けてゆく鏡の中の過去未来

灰色のあしたに打たれ音もなし

翳のなき翳のありけり地震以後

ふる里は眸にのみ見えて寒き沖

一穢なき空の青さに引き裂かれ
残されし一樹に問われいるごとし
花びらを呑んで鹵凡《ろぼん》といううゆらぎ
おろおろと言葉ひとつが立ち上がる

＊鹵凡　海水に侵されたぬかるむ地

地上他界　海中他界　雪しんしん

傷痕に錨をおろす祈りの手

海畏れ地を畏れつつ指ほどく

遊糸・貝楼　きのうに流れ日が沈む

＊他界　別の世界

＊遊糸　陽炎（かげろう）

柔らかな鎖引きずる春三月《みつき》

沈黙のその傷口に春の水

薄明の祈りにも似て白あじさい

坐忘した肩にひとひら春の雪

望郷

古里は哀しさに似る夏の雲

攫われて拾われてガラス石

早春賦　風の便りにきく美学

乱拍子ふるさと掬う指瘦せて
父祖の地にその哀しみの窓を開け
茱萸ほどの眠り祈りに佇てる母
古里は呪縛の解けぬ花空木

掌に残る淡い寓話の未遂罪
純哀歌　青なるもので埋めつくし
昔話を始める別々の時間
風の中コスモスのうそ聞いている

胸の灯も揺らぐ異郷の寂しい眼
蛇うたれ古郷・花郷と白く揺れ
手鏡に遠嶺とどめ地にまみれ
ゆらゆらと手は枝となる春の惨

ふるさとは詩の清しさで遠ざかる
花客なり青き自尊を彷徨えば
胸中に洞あり風の音ばかり
ゆるゆると鮟鱇となる私の喪失

ルドンの眼こらせば闇に蒼山河

山河来て囮の吐息放したり

偽りの記憶にかざす桜草

巻き終えてせつに始まる身の流離

アリアドネ

爽やかに夢見がちなる早春賦
人恋いのはじめは凪ぎの一行詩
遠く在るともしびは紺かすむ紺

ミス・ディレクション　月の沙漠を五十年
鈴の音は忘れたように埴輪の眼
謎解いて別れとなった空と海
砂に立つアンビヴァレンスなオベリスク

＊ミス・ディレクション　真実からそらすこと
＊アンビヴァレンス　愛と憎しみのように相反する感情
＊オベリスク　巨大な石材で作った記念碑

まことそらごとクスクス笑う一夜茸
こと問えば異邦の顔で月を指し
想うことはらはら零れ花クルス
灯さねば背中冷たき花の闇

雨月なり水になるまで人を恋い
悲しきは致死量ほどの夢の殻
暗黒物質《ダークマター》それより重き月の罠
歳月のカオスにとける一行詩

雅歌　光りの方へ片便り
ごく細き光もつれて浅き夢
掌中で薔薇枯れていく夏嵐
マグリットのかわいた空が毀るるよ

星落ちて青い詩となるシーグラス

虹の根に幻肢を埋めて戻りけり

逃げ水を追い夢の端《は》より戻る

いにしえの幻夢に遊び身を晒す

笑劇が詩となるまでは月の暈

生も死も夢のいずこも白に似て

指先に記憶を残し眠れ冬

朧夜は紅を零して異次元へ

冬のソフィア

メメント・モリ

薄月夜　扉のむこうなる条理
この永き揺曳乳色の水を恋い
乱れつつイデアの翳を憶う骨

追いつけず追い越せずしてしずかな死
かばかりの光となって　撫でられて
廃苑に鳥泣く　溺れつつゆけば
深轍　胸ひしひしと在るばかり

残像の人亡き庭に生いはじめ
悔恨に似て飛ぶ　あれは夕燕
メメント・モリ　草の泪はひそと咲く
ロールシャッハ苛む人の荷を少し

満天に秘色の命　散るいのち
胸骨の夢の樹々抜け風に逢う
水澄んで　あした見る夢おぼろなり
瞑想や赤き楕円の実のままに

一知半解

青酸魂《すぐり》　愛か修羅かの二元論

半眼のおぼろなる身のうすき耳

棺一基曳く他はなし　無月

手のひらに頓首の蛇の供え物
胡桃割る　一知半解の含羞
準ずれば推定無罪イノセント
ふりむけばただ風紋の千思万考

＊頓首　頭を地につけて敬意を表すこと
＊イノセント　純粋なさま

中有

寥しさの果てを追われる中有まで
先の世の風に吹かれて倶会一処《くえいっしょ》
中陰の微光と思う死の主題

＊中有　死んで次の生を受けるまでの間
＊倶会一処　浄土の人々と一処に集まり会うこと

身ひとつを萍となし花遍路

三界唯心　峡しんしんと著莪の花

光陰に阿修羅の影もやわらかく

大いなるものの深みに蹲る

幻花

顔のないものに追われて長い坂
暗やみの耳朶ふるわせて過ぎしもの
近づけば泪　遠のけば微笑み

過客なり蛍袋に棲みてより

身のうちのすなわち知りぬ鱗翅目

低く飛ぶニセアカシアの花の下

風死して行きどころなしつばくらめ

莫逆《ばくぎゃく》の亡友の秘めたる赤い月
骨鱗のきららに触れて悲しまん
木枯らしの日には戦士の息づかい
かなしさの肺腑に満ちる空の青

＊莫逆　意気投合した親密な仲

風知草微かに毀れゆく塔婆
見えぬもの見るため星に触れ戻る
寂光に招かれ独りゆく夏野
言霊の黄金律を未明まで

*寂光　静寂な涅槃の境地から発する智恵の光

梟

梟木《きょうぼく》の哀歌を耳に眠る父

想望の扉を押せば野火咽ぶ

鳥の墓そのひもじさで磨きあげ

＊想望　想い慕う。思慕

相聞の石に刹那の月明かり
灯しつつ思惟《しゆい》をたつる花行脚
心音を重ね合わせて冴する
ミネルヴァの梟を聞く夜は楚々と

聖夜

一路より滴り落ちる聖なる日

死者生者　詩《うた》にまぎれて降りつづく

聖夜待つ　かくまで優し冬銀河

冬凍の扉を押せばミサ曲
吾を呼ぶ声に抱かれ聖夜なる
アベマリア　カインの裔も灯らされて
カロルいまこの凍原の夜を剥がす

揺れる灯に肩寄せあえば聖夜かな

火のきのう水のあしたも冬の虹

クリスマスカロルとなって汝がもとへ

聖夜なり　愛しき日々を樹に吊す

永遠の今《いま》

シテの面

枯野ゆく青年の影引きずりつ
白地着ていまも昔も面を打つ
仮宮に過去現在が満ち欠ける

欠けてゆく月に寄りそう無言劇
舞い終えて影を濃くするシテの面
消えゆけり　ひと世は夢と舞いながら
煌めきて遠ざかるもの　渇く闇

崑崙を越えゆくころか鳥となり
花に座す春の流砂の淋しさで
儚きは人か夢かと石を積む
比良坂を辿ろう櫨《はぜ》の実をひろい

*比良坂　この世とあの世との境
*櫨の実　櫨の実採ろういついつまでも泣く家の　哲郎

隠れ花匂えば遠き日の光る
焦がれ侘び踏みしだかれて色をなす
慕わしき断片の舞う枯葉道
遥かなるものばかりなり瑠璃の空

糸遊

淋しさはからから骨を振る遊び

蜃楼の壊れぬように鳥放つ

青き渦生まれる　硝子の笛を吹く

＊蜃楼　蜃気楼

水玉をつぎつぎ飛ばす美術館
虹の影立ちあがらせる午後の画布
美への執着　ダヴィンチにも小悪魔《サライ》
見返せば糸遊ほどのゆらぎかな

＊サライ　ダヴィンチが溺愛する美少年の弟子につけたあだ名。サライはイタリア語で小悪魔という意味

冬茨

消息にわが影まぎる野辺の花
すみれ摘む危うき森に灯をかざし
真実の剥落絵本を問うなかれ

私がわたくしであること　冬茨
胸の灯を絶やさぬように書の天地
たましいとなるまで光滴らせ
歳月のやがてまぼろし冬すみれ

幾星霜

きりぎりすかりそめの世をまだ知らず

晩秋の闇夜もいのち響かせて

もう鳴けぬ　翅より冬の風が吹く

還らない背中の揺れる夜の海
春疾風　言葉の渦の翻る
秋霖に母よと溶ける体細胞
鈴鳴らす母の懐裡の中までも

＊懐裡　ふところ・心のうち

夢を梳き思唯《しゆい》に浸りまた翳る

祈れどもいつも背にある春の雷

死語の世の翳りやすきを手の十字

知命とは　背後に冬の海が鳴る

一閃の青を残して会者定離
春望楼　戴く月と魂魄《こんぱく》と
死者生者　無数の傷も野に帰る
念念生滅　ひかりとなって小宇宙

＊魂魄　死者のたましい・精霊
＊念念生滅　万物は刻々生じ或いは滅して止むことがない

残照

体から蝶の出てゆく黄昏期
人恋のまばゆい彩で降る黄葉
黄落の骨煌々と地に還れ

名も栄《は》えもやがて消えゆく仮の花
焦がれきて末野にひろう終の骨
吾が死後も花蒔くニンフ　アフレスコ
散華せんモロー・サロメの煌めきで

＊アフレスコ　フレスコ画

無為の旅

風紋の流れて蒼き冬の蛇

汎神論のごとき昼月　鳥渡る

継ぎつぎて時空はるかな母の道

光り野に入る花種を蒔きながら
赤い花散らし咲かせて彼岸まで
蜆蝶　有為よりいでて無為の旅
封印を解いて五月の風となる

晩祷

ひとひらの鱗を洗う残夢の岸
花遍路　山の向こうも人哭く里
遠霞　夢幻の枢焚かれおり

今昔のこころを揺らすそばの花

雲ひとつ流れ放下の昼の月

愛されていたのだろうか蝉時雨

海鳴りの石を抱いて花遍路

月光の浄土へ帰す砂の面

日月は帰らず平らなる定離

道一つ見えて月下のジャコメッティ

解き放つ傷よやがては数珠となれ

＊定離　別れ離れるように決まっていること

たおやかな夜ともなれば月の翅
幸少し翼にのせて祈りの森
秋桜　その優しさにそよぎけり
晩祷や抱かれている風の中

すみれ降る
山啄木鳥《やまげら》の箴《しん》彫り尽くす夜明けまえ
現し身の哀れ詩篇のなお遠く
劇中劇やがては終わるレクイエム

時の影たためば墓標　冬の虹
踊り果て凬が囁くプラシーボ
銀化した夢さわさわとモノローグ
淡雪でつづられている古いお話

＊プラシーボ　偽薬

百日紅燃え痩身の私小説

身を削げばジャコメッティの視座の中

生かされて生きる　レモンの木を植える

指枯れて崩れしのちも汝が地平

展翅《てんし》した夢より青き水流れ
胸中の日月世々の川となる
旅終える　地上に光るものを得て
わたくしの妖精に逢うかの道へ

すみれ降るいまも昔の優しさで
終章の一花　祈りの残響
風祷や夢追い坂を草の王

跋

〈美〉と〈祈り〉のひと

夕祈さんの原風景には痛ましいものがある。最も母を必要とする幼少期から多感な少女期を、祖母に育てられたことで、心に欠落感を生じさせたのだ。母には母なりの理由（長女を3歳で亡くしトラウマに）があったにせよ、創作の原点に胚胎する原風景に多大な影響を及ぼしたのは確かだ。

心に欠落感を抱えたまま成長し、齢を重ねた夕祈さんに衝撃的な出来事が次々起こる。自分自身が重篤な胃癌を患い、全摘手術を受けたその身で、これまた病に倒れた母の介護を続けたのである。

その母は娘の窮状をおもんばかって自ら食を断ち、死を急いだという。そして遺されたのは句の数々。

母は閨秀川柳作家として活躍した原多佳子で、生前句集出版を願っていた。その願いと、母の心に少しでも近付きたいと願う自身の思いが重なり、遺句集『みずいろの翅』を、母が師事していた片柳哲郎のアドバイスを得て上梓した。その行動に間違いはなかった。

まるで母の魂に導かれるように、母と同じ川柳の道を、歩き始めたのだから・・・・。而も同じ片柳哲郎師のもとで・・・・。

いずこより満ちくる亡母か夕桜

絵画の制作に専念していた夕祈さんであるが、もともと文学的な資質にも恵まれていた。川上三太郎門下で詩性川柳を標榜していた片柳哲郎師の適切な指導と相俟って、上達は早く、川柳の芥川賞と称された川柳Z賞（第24回）を、作句開始後僅か数年で受賞したのである。掲出句はその時の受賞30句のうちの作品で、夕桜を観ているうちに、その美しさに促されるように、亡き母へ想いを馳せたのだ。ここには、かつて心の奥深くに生じていた母に対する欠落感は消え去り、母の全てを受け容れる自分がいるばかり。川柳というたった十七音の世界を通して、自分の心の有り様を視つめ直すことが出来たのだ。亡き母への感謝の念が籠められた佳什として、高く評価したい。

夕祈川柳を語る上で決して欠かせないのが、〈美〉と〈祈り〉である。

鱗片の青さを旅の始めとす
夏雲にカノンの梯子を架けるひと
ペルソナの表裏のゆがみ冬の月
落木や骨の髄なるジャコメッティ

片柳哲郎師は日本の伝統的な幽幻美を愛し、美学川柳を創作し続けた。面白いことに、夕祈さんの場合は西洋の芸術に比重を置くが、美に対する両者の追及姿勢は凛として乱れがない。夕祈さんにとって〈美〉は、命そのものなのだ。日常に在っても、非日常に在っても、美意識のはたらきに衰えを知らない。美意識から創作意識への意識の高揚にも、淀みがない。作品のたたずまいの美しさにも納得がいく。何分、夕祈というその人のたたずまいが美しいのだから。また、伝習的な概念に囚われることなく、いきなり詩性川柳から書き始めたので表現に手垢が付いておらず、鮮度が高いのだ。言葉の世界でも、〈美〉を屹立させたいと願う夕祈さんにとって、大きな強みだ。

己が喪の夢の中まで流砂して

死体なきクルスの痛み　砂渇く

死してなお眠りの森で待ちつづけ

夕祈川柳の底流に在るのは〈祈り〉である。精神性の高さも、詩心《うたごころ》も凡ては祈りのためにある。人間の心理行動の中で〈祈り〉ほど美しいものはないのだから・・・。

細川不凍

少し硬めのショコラ

初めて杉山夕祈の名を目にした時、「夕祈」という名前に吸い寄せられるように作品を読んだ記憶がある。人の心にポッと灯をともす慕わしい名前は「新思潮」を創設した片柳哲郎氏によって命名されたという。創刊からの会員であった母の遺句集を編む過程で片柳の熱い川柳魂に触れ、これまで気づけなかった母の想いの深さを感じたのだろう。作者はその後間もなく川柳創作を開始した。

己の五感で捉えた感情や感覚を詠む川柳は主観的で、まぎれもなく抒情詩である。しかし知識と意志に裏打ちされた表現力によって客観性を内包した作品は、他者と共鳴し合いながら時代をも超えていく。

かなしみにほほえみに舞うかの日
巻き戻す父という名の時計草

これまで一句を生み出す表現力は知力と意志によると考えていたが、そのどちらも暮らしの荒波にもまれ常に揺れ動きまことに頼りない。しかしそこに祈りが加わると知力と意志を支えて作品は揺るぎないものとなる。これまで夕祈作品を見てきて強くそう思う。

五輪塔　風にひとひら朱が舞いぬ

地に残す拈華微笑のふきのとう

古より続く人の世の温かい情景が、祈りの中に美しく浮かんでくる。

信仰心の薄い私だが祈るような気持ちで川柳を創ることが多々ある。まして身近に祈りを感じて暮らす作者であれば信仰心は厚く、我がことと同じように他者を思い敬う純粋さへとつながっている。それ故に、悩みを抱えて蹲る人を目にすると素通り出来ないのだ。きっと琳琅を引き受けた根底には、片柳哲郎師の掲げた灯を消してはならぬという強い思いだけではなく、蹲る仲間の姿が見えていたのではないだろうか。

花遍路山の向こうも人吠く里

心音を重ね合わせて谺する

まっすぐで傷つきやすいのに硬質で繊細な作者の感受性は、難しい言葉や難漢字の多い句姿と重なる。だが作品の内意は愛にあふれて、チョコレートのように優しい。か細い身体で困難に立ち向かう行動力はきっと少女期のままなのだろう。

　一輪草　裸形の愛を疑わず

　いつの世のぬくもりなのか手毬歌

人は誰でも意識するしないにかかわらず「生きる」という哲学を抱いている。作者はそれをライフワークの学問として捉え学び続けている。

　わたくしの妖精に逢うかの道へ

　風祷や夢追い坂を草の王

年齢を重ねたが故の軽やかな作品の中に、柔らかな陽射しのようなユーモアを感じて嬉しさがこみ上げてきた。混迷の極みにある今の世の中に、こんなピュアな人間が存在しているという証のような川柳句集である。

岩崎眞里子

杉山夕祈さんのこと

ほぼ半世紀にわたる歴史に幕を下ろしてから、すでに十年余の歳月が過ぎ去ってしまったけれど、かつて静岡市内の静岡中央公民館（現・アイセル２１）を会場に、「婦人文学講座」という市民講座が開かれていた。月に二回、外国文学と日本文学、時には哲学に関する講義がなされ、聴講生は主に家庭の主婦であった。

この「婦人文学講座」に、私が講師として招かれたのは三十代の半ば、静岡大学に在職中のことであったが、以来四十年近く、私が静岡の地を離れた後も、「婦人文学講座」とは縁が切れなかった。年に数度の講義以外にも、〈文学散歩〉と称する受講生有志の旅行には、その企画から現地での案内までが、いつしか私の役割となっていたからである。

いつの頃からか、杉山夕祈さんは「婦人文学講座」の受講を始められ、年に一度の〈文学散歩〉にも参加されるようになった。その〈文学散歩〉の旅に、杉山さんは高齢の婦人を同伴されるのが常で、その婦人が私のかつての教え子の母上であったから、とりわけ杉山さんには親しみを感じた。往復の車中、一人ぽつんと座っている私を気遣ってか、時折、杉山さんは座席を移動して話しかけて下さった。その語らいを通して、強く印象付けられたのは、杉山さんのあくなき知的探求心の強さであり、さらには御自身の大手術を伴う闘病体験の痛ましさであった。

膝を折り求道の坂を仰ぎけり
寥々と岨道を行く　影が追う
かの岑の鬼哭か　声も露のいろ

難解な句の多い夕祈さんの作品の中で、右の三句は例外というべきであろう。これら吟行句の詠まれた場所は、奈良県吉野の山中か、それとも葛城古道か、何の根拠もないけれど、勝手に想像している。三句目などは、南北朝争乱の悲劇、自天皇最期の地・奥吉野で詠まれた句ではなかろうかなどと、これも根拠なき私の想像に過ぎない。

ユダの影無灯の街のまた翳る
哀しみのここに創まるイエス伝
遠き日へ延びゆく石のローマ道

夕祈さんの足跡が地球の裏側にまで延びているのは、この人の知的関心の広さと深さを証してもいよう。無論、それはご本人の努力によるものではあるが、多分に御両親の影響もあるに違いない。

追いつけぬ老父も悲しき白露なり
箴言か麦雨か老父の背を濡らす
鱗粉を毀ちつづけて母の闇
母の磁場拡がり青き水となる

いかなる分野であれ、一人の作家がその才能を開花させるには、何代にもわたる才能と努力の蓄積が与っている、とはよく言われることである。杉山夕祈さんの現代川柳作品が、この先、どのような展開を遂げるか、私ごとき部外者の与り知るところではないが、ご両親譲りの才能と資質が、まるで宝石の原石のごとく、鏤められていることは、疑う余地のないことであろう。

上杉省和

言葉との格闘

これまでの人生の歩みの記念のような句集にしたいという夕祈さんの思いに触れて、全くの門外漢ではあるが、私も少し書かせていただくことにした。

私事で恐縮であるが、私は静岡大学を定年退職後、いくつかの大学で非常勤講師を勤めたが、放送大学にも五年（規則上の任期）お世話になった。そこでは哲学の講義を担当したが、夕祈さんも熱心に受講されていた――ちなみに、夕祈さんの句作の根底には、哲学的な思索が潜んでいる。退職時に、なお私の講義を聞きたいということで、夕祈さんが中心となり、「静岡哲学教室」を静岡市内（アイセル女性会館）で開催することになった。このようなことは珍しいことで、私自身非常に有難く思っている。この教室には、それまで長年やっていた「市民と読む親鸞の会」も合流して、現在もなお続いている。第一木曜日には哲学、第三木曜日には仏教の講義を行っているが、現在はヤスパースの『哲学入門』と道元の『正法眼蔵』をテキストにしている。

いい機会なので、哲学の重要な問題の一つである「言葉」について述べておきたい。言葉には、否定的な側面と肯定的な側面が備わっている。例えば、インドの中観仏教の代表作である龍樹の『中論』では、言葉・概念（戯論）は、物事を固定化・実体化して、無常・無我なる「法」の世界を見失わせるものとして、まずは徹底してこれを否定する。そうした戯論寂滅した境地が「空」であるが、しかし「空」もまた言葉であるから、「空亦復空」などと言われる。しかし、こうした絶対的な否定の後、言葉は再度受取り直されてくるのである。人間の宿命として、言葉の否定された境地が、人間にとって意味をもつためには、また言語化されねばならないのである。

こうして不思議なる境地が、思議の媒体である言葉に託されることになる。（不思議は、れっきとした仏教用語である）。晩年のハイデガーには、『言葉への途上』という名著があるが、この言葉の肯定面についてユニークな論を展開している。また、『ヒューマニズムに関する書簡』においては、「言葉は存在の家である」といい、これからの時代には、言葉への慎重さがいかに大切であるかが力説されている。ある日本人との対話においては、言葉が、まさしく「事の葉（端）」であって、生きた、ありのままの現実が、人間にとって唯一宿り得るものとして位置づけられるのである。

このことを考える時、私は現今の日本の状態を憂うる。ちょっと冗談めかして言うが、例えば、「しっかりと丁寧に説明しようと思っております」という一文を考えてみよう。「しっかりと」と「丁寧に」という言葉が、最近の政治家たちによって多用された挙句、どんなに汚れてしまったか。また、何事も「思う」をつければ、行為から一歩遅れるのである。言葉は人間実存の有り様にも大きく影響してくる。早口、多弁な現代人は、己をふりかえることすら忘れている。

現代日本の教育において、ＩＴや金融の授業も重要であるが、何よりも国語教育が重要である。夕祈さんから送っていただく『琳琅』を読む度に、作家たちが、言葉と格闘しているのを垣間見て、深く共感している。私は門外漢であるが、時折、高浜虚子の詠んだ「流れ行く大根の葉の早さかな」という句を思い出す。私なりに解釈すれば、「法」はサンズイ＋去るであるから、流水であり、この句は「法」を表現しているのである。日本人が、このような句を忘れ去ることと、「生死は仏の御いのちなり」（生死の巻）と述べた道元の「御いのち」を忘れ去ることとは根底でつながっている。

これからも存在の煌めきの言語化と格闘される夕祈さんの健闘を祈りたい。

山下秀智

あとがき

人生はしばしば旅や道に譬えられます。旅の途中でどの様なことに、またどの様な人に出会ったかで、その先に続く道は違うものとなります。

平成八年夏、癌の告知を受けました。余命は手術をして三年半、しなかったら三ケ月ということでした。許可を得て受けたセカンドオピニオンの病院二カ所の所見も同じでした。深刻な状況を受けとめ、関連する本を読み漁った結果、手術はしないで残る日々を充実して過ごそうと決めました。

母・原多佳子は平成五年に片柳哲郎先生が創刊した『現代川柳新思潮』の創立会員でしたが、その五カ月後には長く患っていた心臓に起因する脳血栓を起し、症状が落ち着いた時には半身麻痺・失語症となっていました。言葉と体の自由を失った母に加え、高齢の父の介護も目前に迫っていました。「生存の可能性はあるのだから手術をして欲しい」との若い担当医・高岡先生の熱心な説得を受け、可能性があるのなら両親を見送るまでは生きていたいと思い、ご紹介下さったベテランの外科医長・宮下先生に執刀して頂きました。

長時間の手術に続き長い入院となりました。真夏の炎天下、麻痺の残る覚束ない足取りで、余命は短いといわれた娘を見舞う母の心情を思う度に、今でも胸が痛みます。

胃全摘出手術の五ヶ月後に母は再び脳梗塞を起したので、同居して闘病の傍ら両親を看る日々となりました。その様子を知った従姉のシスターは、「まるで奇跡を見るよう」だと驚き、多くのシスターと共に祈ってくれました。

術後後遺症に苦しむ娘を気遣い、食を断って死に急いだとしか思えない母の最期でした。眼に残る母の姿への悲痛な思いと、術後で十分な介護が出来なかった悔いから、親戚や母の親しい友人への形見分けにしようと、生前願っていた句集の上梓を思い立ちました。

文学とは無縁で来た私には奇跡としか思えない片柳先生とのご縁に導かれ、遺句集『みずいろの翅』を上梓することが出来ました。その上、句集発行後は元の生活に戻る積りでいた私を『新思潮』に招いても下さいました。本や哲学に親しみ、のんびり絵を描いて終ったであろう人生でしたが、癌を患ったことで両親と暮し、遺句集を思い立ったことで先生とのご縁を頂いて川柳への扉が開かれました。何か大きな力に導かれていたようです。

川柳という表現世界を知ったことで、試煉のなかでこそ感じる魂の疼きを受けとめ、周縁にわずかながら存在する煌めきさえ敏感に掬い上げて句にしたいと思いました。さらには先生の提唱された「現代川柳の美学」を摸索し、思考を深めたいと希いました。

「文学を含めてあらゆる芸術の、人間が窮極として残したいものは〝美〟であると信じている」という師の言葉に、どれほど想いを深くし、どれほど〝美〟に心しているかが問われています。

「生」には虚・実、生・死、在・不在など、相対する様々な矛盾があります。避けられない不合理から目をそらすことなく、また重い現実にも怯むことなく真実を追求し、想いや思考を深めていったならいのちの奥底に触れ、矛盾の中に妖しい煌めきを見ることも、いのちの閃きの中に美を見出すことも可能でしょう。詩性のもつ創造の力を信じ、折々の心情や憶いを深めて句に殉ずれば、生きることの不条理からも救われていくと信じます。

　影遊び愛するときも泣くときも　哲郎

師から頂いた色紙です。「自分を信じ創り続けよ」と励まし見守って下さっているようです。先生の処女句集『黒塚』のあとがきに、「うまい句より自分で愛せる句を作るのが、僕の川柳への道かなと考えた」、とある師の道を我が道として辿りたいと思いました。

片柳先生は現代川柳を志して丁度二十年目に句集『黒塚』を発表されました。その二十五年後に第二句集として『乱乱』を出されました。『黒塚』の隣に『乱乱』を並べて残したいとの思いから、装丁・活字・配列まで同じにされました。その一冊『乱乱』は母の書棚から、そして『黒塚』は先生の書棚にあった最後の一冊を頂いたものです。この貴重な二冊の句集は、私の書棚に並んで大きな存在感を放っています。その横には先生が病の身を押して編集して下さった母の遺句集『みずいろの翅』をそっと置いています。敬愛する師も母も晩春の風に攫われてしまいましたが、今も尚、遠くかつ近い存在として在り続けています。

私は、一冊の句集も残さず「足跡を消すようにして去りたい」と常々思ってきましたが、川柳に導かれて二十三年目となりますので、先生に倣って、母の遺句集に近い装丁にして編んださささやかな句集を、先生の句集、母の遺句集の隣に置きたいと思うようになりました。

この心境の変化は、かねがね句集発行を勧めて下さっていた岡田俊介『新思潮』代表、新葉館出版の松岡恭子様のお力が大きく、こころからお礼を申し上げます。

片柳先生はじめ、岡田俊介氏、主治医の宮下正先生、哲学の山下秀智先生、文学の上杉省和先生、その他多くの敬愛する皆様から生きる力を頂きました。

頂いたご縁を大切に、遠くつかみ得ない〝短詩型の美学〟の幻を追って、これからも果てしない現代川柳の旅を続けたいと思っています。

二〇二四年　夏

杉　山　夕　祈

跋文ご執筆者略歴

細川不凍（ほそかわ ふとう）本名・細川守
1966年作句開始
元現代川柳新思潮会員　現代川柳琳琅会員
昭和58年第1回「川柳Z大賞」受賞
句集
　川柳句集『青い実』、『雪の褥』、セレクション柳人『細川不凍集』
　　肉体は生きててなんぼさくらんぼ　　不凍

岩崎眞里子（いわさき まりこ）本名・同じ
1979年川柳入門
元現代川柳新思潮会員　現代川柳琳琅会員
平成16年第22回「川柳Z大賞」、平成14年第10回「風炎賞」受賞
句集
　川柳句集『蒼』、『渚にて』「舎利の風」
　　いつかひとりにだからふたりでこのくらい
　　　　　　　　　　　　　　　　眞里子

跋文ご執筆者略歴

上杉省和（うえすぎ　よしかず）
静岡大学人文学部教授
京都ノートルダム女子大学人間文化学部教授
富士常葉大学保育学部特任教授
主要著作
『有島武郎―人とその小説世界』、『作品論 有島武郎』（共編著）
『静岡県と作家たち』（共編著）、『智恵子抄の光と影』
『名作百年の謎を解く』（共著）、『万葉の巨星　柿本人麻呂』

山下秀智（やました ひでとも）
静岡大学名誉教授
主著書
『教行信証の世界』（全三巻）、『宗教的実存の展開』
『キェルケゴール　死に至る病』

油絵挿絵　作者

江崎武男（えざき　たけお）
日本美術家連盟会員
使者の幻「ミモザ」
夢塚　「組曲」
冬のソフィア
「アーティチョーク」
永遠の今「すみれ」

杉山和子（夕祈）
静岡市美術家協会会員
水の記憶「水の記憶」
パトス「マリオネット」
冬の門「メティオラ」
レクイエム「追憶」
月の罠「月の罠」
「ニケ」

【著者略歴】

杉山 夕祈（すぎやま ゆき）

本名 杉山和子

長野県松本市生まれ

2000年 『みずいろの翅』原多佳子遺句集

2001年 川柳を始め、「現代川柳新思潮」青炎集に出句

2003年 「現代川柳新思潮」正会員

2006年 第24回「川柳Z大賞」受賞

2020年 「現代川柳新思潮」を継承した
「現代川柳琳琅」編集・発行

2024年 放送大学大学院文化科学研究科（修士課程）在籍

句集 冬のソフィア

令和6年8月29日 初版発行

著者
杉 山 夕 祈

発行人
松 岡 恭 子

発行所
新 葉 館 出 版
大阪市東成区玉津1丁目9-16 4F 〒537-0023
TEL06-4259-3777 FAX06-4259-3888
http://shinyokan.jp/

印刷所
株式会社太洋社

価格は函に表示してあります。

落丁・乱丁はお取替えいたします。
ISBN978-4-8237-1330-9